INVERSIÓN ESENCIAL

Domina el Análisis Fundamental y Construye Riqueza Sólida

CONSULTORIA IA

Cover design by: Art Painter
Library of Congress Control Number: 2018675309
Printed in the United States of America

A NUESTRA FAMILIA

CONTENIDO

BREVE RESEÑA

Inversión Esencial: Domina el Análisis Fundamental y Construye Riqueza Sólida es una guía completa diseñada para aquellos que desean adentrarse en el mundo de las inversiones con una base sólida y estratégica. Este ebook combina principios fundamentales del análisis financiero con estrategias prácticas para identificar oportunidades en el mercado, construir portafolios robustos y minimizar riesgos.

A través de ejemplos claros, estudios de caso reales y herramientas útiles, aprenderás a interpretar estados financieros, evaluar el valor intrínseco de una empresa y tomar decisiones fundamentadas que te acercarán a tus objetivos de riqueza. Ya seas un principiante o un inversor con experiencia, este libro te ayudará a perfeccionar tus habilidades y a construir una base financiera para el largo plazo.

Es una lectura imprescindible para quienes desean dominar el arte de invertir con confianza y visión estratégica.

AUDIENCIA OBJETIVO

La audiencia objetivo de Inversión Esencial: Domina el Análisis Fundamental y Construye Riqueza Sólida incluye:

1. Inversionistas Principiantes: Personas interesadas en aprender los fundamentos de la inversión y cómo tomar decisiones informadas en lugar de seguir tendencias especulativas.

2. Profesionales que Buscan Diversificar Ingresos: Emprendedores, empleados o freelancers que desean generar riqueza adicional mediante inversiones estratégicas.

3. Estudiantes de Finanzas y Economía: Aquellos que buscan complementar su formación académica con aplicaciones prácticas y casos reales de análisis fundamental.

4. Inversionistas Intermedios: Personas con experiencia básica en inversiones que quieren profundizar en el análisis fundamental para mejorar la rentabilidad de sus portafolios.

5. Individuos con Enfoque en el Largo Plazo: Ahorradores y planificadores financieros que buscan construir riqueza sólida mediante inversiones sostenibles y bien fundamentadas.

Este ebook es ideal para quienes valoran la educación financiera como herramienta para alcanzar la independencia económica y tomar el control de su futuro financiero.

¿POR QUÉ LEER INVERSIÓN ESENCIAL: DOMINA EL ANÁLISIS FUNDAMENTAL Y CONSTRUYE RIQUEZA SÓLIDA?

1. Construye una Base Sólida en Finanzas: Este libro te brinda conocimientos esenciales de análisis fundamental, eliminando la complejidad y ayudándote a interpretar datos financieros de manera práctica y efectiva.

2. Invierte con Confianza: Aprenderás a identificar oportunidades de inversión basadas en el valor real de las empresas, evitando decisiones impulsivas guiadas por emociones o tendencias de mercado.

3. Minimiza Riesgos: Conocerás estrategias comprobadas para proteger tu capital y reducir la exposición a riesgos innecesarios, clave para inversiones sostenibles a largo plazo.

4. Maximiza Rendimientos: Al aplicar las herramientas y metodologías explicadas, estarás mejor preparado para tomar decisiones que incrementen el rendimiento de tu portafolio.

5. Accesible y Aplicable: Está diseñado para lectores con diferentes niveles de experiencia, desde principiantes hasta inversionistas intermedios, con ejemplos prácticos y estudios de caso que te permiten aplicar lo aprendido de inmediato.

6. Independencia Financiera: Este libro no solo es una guía para invertir, sino también una herramienta para alcanzar tus metas financieras y construir riqueza sólida a lo largo del tiempo.

Si buscas dominar el arte de invertir de manera fundamentada, estratégica y confiable, este libro es una inversión en ti mismo.

PRÓLOGO

En un mundo donde las decisiones financieras pueden definir el rumbo de nuestras vidas, contar con una estrategia sólida para invertir no es un lujo, sino una necesidad. Cada día, miles de personas pierden oportunidades valiosas al tomar decisiones apresuradas o al confiar ciegamente en tendencias de mercado que prometen riquezas rápidas pero carecen de fundamentos. Este libro nace con un propósito claro: empoderarte con el conocimiento y las herramientas necesarias para convertirte en un inversor consciente, estratégico y exitoso.

A lo largo de mi carrera, he visto cómo el análisis fundamental transforma la forma en que las personas perciben el mercado. No se trata solo de números, gráficos o términos técnicos, sino de comprender el valor intrínseco de los activos y cómo estos pueden generar riqueza sostenible a lo largo del tiempo. Este enfoque, basado en principios sólidos, es lo que diferencia a los inversores exitosos de aquellos que se quedan atrapados en la especulación.

Inversión Esencial: Domina el Análisis Fundamental y Construye Riqueza Sólida es más que un libro. Es una invitación a adoptar una mentalidad estratégica, a desarrollar habilidades que no solo protegerán tu patrimonio, sino que lo harán crecer de manera consistente. Aquí encontrarás una guía paso a paso que combina teoría, ejemplos prácticos y estudios de caso reales para llevar tus conocimientos financieros al siguiente nivel.

Este libro es para ti, sin importar si estás dando tus primeros pasos en el mundo de las inversiones o si buscas afinar tus habilidades. Es una herramienta que te permitirá tomar el control de tu futuro financiero y convertirte en el arquitecto de tu propia prosperidad.

Te invito a embarcarte en este viaje con mente abierta y ambición. Juntos, exploraremos cómo transformar conocimientos en decisiones estratégicas y cómo esas decisiones pueden construir la riqueza sólida que siempre has deseado.

¡Es hora de tomar las riendas de tu éxito financiero!

CONSULTORIA IA

CAPÍTULO 1: EL FUNDAMENTO DEL ÉXITO FINANCIERO

Introducción: La base sólida de toda inversión exitosa

¿Alguna vez te has preguntado qué distingue a los grandes inversores, como Warren Buffett, de aquellos que luchan por obtener rendimientos consistentes? No se trata de suerte, ni de una fórmula mágica. La respuesta yace en el análisis fundamental, la herramienta que permite identificar verdaderas oportunidades de inversión mientras otros persiguen modas pasajeras.

En este capítulo, exploraremos por qué el análisis fundamental es esencial para construir una base sólida en tus finanzas. Entenderás cómo te permite evaluar empresas, tomar decisiones informadas y, sobre todo, construir riqueza de manera sostenible. Este conocimiento no es solo para expertos: es el pilar sobre el que cualquier inversor puede erigir su éxito financiero.

¿Qué es el análisis fundamental?

El análisis fundamental es el arte y la ciencia de evaluar el verdadero valor de una empresa. No se basa en tendencias temporales ni en las emociones del mercado, sino en los cimientos reales de una organización:

- Estados financieros: ingresos, gastos, ganancias y pérdidas.

- Modelo de negocio: ¿Cómo gana dinero la empresa?

- Entorno competitivo: ¿Qué tan fuerte es frente a sus competidores?

- Macroeconomía: ¿Cómo afectan factores externos, como la inflación, las tasas de interés o las políticas gubernamentales?

Imagina que estás comprando una casa. Antes de hacer una oferta, inspeccionas la estructura, el vecindario y los materiales de construcción. El análisis fundamental es exactamente eso, pero aplicado al mundo de las inversiones.

La diferencia entre invertir y especular

Muchos inversores principiantes caen en la trampa de confundir la inversión con la especulación. La especulación es como apostar en un casino: compras una acción con la esperanza de que su precio suba, sin entender realmente su valor intrínseco. Por otro lado, la inversión, respaldada por el análisis fundamental, es como sembrar un árbol. Cultivas tu conocimiento, eliges el terreno adecuado y esperas pacientemente a que los frutos crezcan.

Ejemplo práctico:

Supongamos que estás considerando dos empresas tecnológicas:

1. Empresa A está en auge debido a la moda de los autos eléctricos, pero no tiene ganancias reales ni un modelo de negocio claro.

2. Empresa B tiene menos "hype," pero cuenta con años de crecimiento constante, un balance sólido y una ventaja competitiva en su mercado.

Un especulador apostaría por la Empresa A porque está "de moda". Un inversor inteligente, en cambio, elegiría la Empresa B porque sus fundamentos indican que es una inversión más segura y rentable a largo plazo.

Para dominar el análisis fundamental, debes enfocarte en tres áreas clave:

Análisis financiero

El análisis financiero te ayuda a comprender si una empresa está generando dinero y cómo lo está haciendo. Esto incluye:

- Estado de resultados: Evalúa ingresos, costos y beneficios.

- Balance general: Analiza activos, pasivos y patrimonio neto.

- Estado de flujos de efectivo: Mide cómo entra y sale el dinero de la empresa.

Análisis cualitativo

Este enfoque no se centra en números, sino en los factores intangibles que influyen en el éxito de una empresa:

- Equipo directivo: ¿Son confiables y competentes?

- Marca y reputación: ¿Qué lugar ocupa la empresa en la mente de los consumidores?

- Innovación: ¿Está preparada para adaptarse a cambios tecnológicos o de mercado?

Evaluación del entorno externo

Ninguna empresa opera en aislamiento. Factores externos como regulaciones, economía global y tendencias del sector también afectan su desempeño.

Ejemplo práctico: Una empresa de energía renovable puede parecer prometedora, pero si los subsidios gubernamentales se eliminan, su rentabilidad podría sufrir.

¿Por qué el análisis fundamental es esencial?

1. Reduces el riesgo: Al entender los fundamentos de una empresa, puedes evitar aquellas que están sobrevaloradas o en peligro de colapsar.

2. Tomas decisiones informadas: En lugar de seguir consejos o rumores, tendrás la confianza de basar tus inversiones en hechos.

3. Construyes riqueza sostenible: En lugar de buscar ganancias rápidas, el análisis fundamental te guía hacia oportunidades que ofrecen valor real a largo plazo.

Caso real: Durante la burbuja tecnológica de principios de los 2000, muchos inversores compraron acciones de empresas sin modelo de negocio sólido. Cuando la burbuja estalló, solo sobrevivieron aquellas con fundamentos fuertes, como Amazon y eBay.

¿Cómo empezar con el análisis fundamental?

Antes de analizar cualquier empresa, ten claro qué esperas lograr. ¿Buscas ingresos pasivos a través de dividendos o crecimiento de capital a largo plazo?

Hoy en día, existen múltiples herramientas y plataformas para realizar análisis fundamental, como Yahoo Finance, Bloomberg o incluso los reportes anuales de las empresas. Familiarízate con estas fuentes y aprende a usarlas.

Empieza con empresas que conoces

El mercado puede ser abrumador al principio. Una buena estrategia es comenzar analizando empresas cuyos productos y servicios utilizas regularmente. Si entiendes el negocio, será más fácil evaluar sus fundamentos.

Practica, practica y practica

El análisis fundamental es una habilidad que mejora con el tiempo. Dedica tiempo a analizar diferentes empresas, incluso si no planeas invertir en todas ellas.

Mitos comunes sobre el análisis fundamental

Mito 1: "Solo los expertos pueden hacerlo."

Realidad: Con paciencia y práctica, cualquier persona puede aprender los fundamentos básicos.

Mito 2: "Es demasiado lento."

Realidad: Aunque requiere más tiempo que el análisis técnico, los beneficios a largo plazo son mucho mayores.

Mito 3: "Es irrelevante en mercados volátiles."

Realidad: En tiempos de incertidumbre, el análisis fundamental es aún más crucial para identificar empresas con cimientos sólidos.

El análisis fundamental es más que una herramienta; es una filosofía de inversión. Al dominarlo, no solo mejorarás tus habilidades como inversor, sino que también ganarás confianza para tomar decisiones financieras inteligentes y sostenibles.

En los próximos capítulos, profundizaremos en las métricas clave que necesitas analizar, cómo interpretar los informes financieros y, lo más importante, cómo aplicar este conocimiento para construir una cartera robusta que te lleve hacia la libertad financiera.

Recuerda: construir riqueza sólida no se trata de correr, sino de caminar con pasos firmes y bien informados. Ahora que has entendido la importancia del análisis fundamental, estás listo para sumergirte en el fascinante mundo de las inversiones inteligentes. ¡El futuro está en tus manos!

Aplicaciones Reales del Análisis Fundamental

De la teoría a la práctica

El análisis fundamental no es solo un ejercicio académico ni un método reservado para los expertos. Es una herramienta poderosa que ha permitido a innumerables inversores construir riqueza sólida y sostenible. En este capítulo, veremos cómo los principios del análisis fundamental se aplican en la vida real con ejemplos concretos, cifras impactantes y casos de estudio.

Prepárate para descubrir cómo grandes nombres del mundo de las inversiones, así como pequeñas empresas con fundamentos sólidos, han generado rendimientos extraordinarios para quienes confiaron en ellos.

Caso 1: Apple Inc. (AAPL): El gigante de la tecnología como ejemplo de valor intrínseco

En 2003, Apple no era la empresa gigantesca que conocemos hoy. Su precio por acción rondaba los $7, y muchos analistas dudaban de su capacidad para competir en el mercado tecnológico. Sin embargo, para los inversores que realizaron un análisis fundamental, había señales claras de oportunidad:

1. Ingresos crecientes: Aunque no eran espectaculares, mostraban una tendencia ascendente gracias a productos innovadores como el iPod.

2. Liderazgo fuerte: Steve Jobs había demostrado ser un líder visionario, con una habilidad única para conectar tecnología y diseño.

3. Modelo de negocio sólido: La combinación de hardware y software proporcionaba una ventaja competitiva única en el mercado.

Quienes invirtieron en Apple basándose en estos fundamentos vieron cómo su valor creció exponencialmente. Hoy, Apple tiene una capitalización de mercado de más de $3 billones (2024) y un precio por acción superior a $190 tras múltiples splits de acciones. Esto representa un retorno de inversión de más del 27,000% para quienes compraron en 2003.

Caso 2: Coca-Cola (KO): Una marca icónica con fundamentos sólidos

Coca-Cola ha sido un ejemplo clásico de cómo los fundamentos pueden sostener el valor de una empresa durante décadas. En 1988, Warren Buffett invirtió $1,000 millones en acciones de Coca-Cola, representando el 25% de su portafolio en ese momento.

¿Qué vio Buffett?

1. Marca global: Coca-Cola tenía una marca reconocida en todo el mundo, lo que le daba una ventaja competitiva insuperable.

2. Modelo de negocio escalable: Con una red de distribución global y márgenes altos, Coca-Cola estaba diseñada para generar flujos de efectivo consistentes.

3. Crecimiento estable: A pesar de ser una empresa madura, seguía expandiéndose en mercados emergentes como Asia y América Latina.

Hoy, esa inversión inicial vale más de $25,000 millones, sin incluir los miles de millones adicionales generados por los dividendos que Buffett ha reinvertido.

Caso 3: Amazon (AMZN): Del riesgo al dominio global

En 1997, cuando Amazon salió a bolsa, muchos lo consideraban una apuesta arriesgada. La empresa reportaba pérdidas mientras reinvertía agresivamente en su crecimiento. Sin embargo, para quienes realizaron un análisis fundamental, había señales prometedoras:

1. Visión estratégica: Jeff Bezos tenía un plan claro para expandir Amazon de una tienda de libros en línea a un mercado global.

2. Innovación constante: Desde el principio, Amazon se diferenciaba por su enfoque en tecnología y experiencia del cliente.

3. Mercado en expansión: El comercio electrónico estaba en sus primeras etapas, ofreciendo un inmenso potencial de crecimiento.

Los inversores que compraron acciones de Amazon a su precio inicial de $18 por acción han experimentado un retorno de más del 133,000% hasta hoy, con acciones valoradas en más de $3,600 antes de los splits.

Aplicaciones en empresas menos conocidas

El análisis fundamental no solo se aplica a gigantes globales; también es crucial para identificar oportunidades en empresas más pequeñas, con el potencial de convertirse en los "próximos grandes nombres".

Ejemplo 1: Shopify (SHOP)

Shopify, una plataforma para pequeñas empresas que buscan vender en línea, salió a bolsa en 2015 con un precio por acción de $17. Los fundamentos clave incluían:

- Modelo de negocio SaaS (Software como Servicio) con ingresos recurrentes.

- Crecimiento exponencial del comercio electrónico, impulsado por tendencias globales.

- Liderazgo en su nicho: Ofrecía una solución simple y eficaz para emprendedores.

En menos de una década, Shopify se convirtió en un gigante del comercio electrónico, alcanzando una valoración superior a los $200,000 millones en 2021.

Ejemplo 2: Beyond Meat (BYND)

Beyond Meat, una empresa de alimentos plant-based, ilustra cómo los fundamentos pueden revelar riesgos además de oportunidades.

- Crecimiento inicial acelerado: La empresa captó atención rápidamente, aumentando ingresos en un 140% en su primer año como empresa pública.

- Alta dependencia de una tendencia de consumo: Aunque parecía prometedora, su modelo no demostró ser lo suficientemente resiliente frente a la competencia.

En este caso, un análisis fundamental también habría revelado los riesgos inherentes, ayudando a los inversores a tomar decisiones más prudentes.

El poder del análisis sectorial

El análisis fundamental también se extiende al estudio de sectores específicos. Aquí hay algunos ejemplos clave:

Sector energético: ExxonMobil vs. empresas renovables

En 2020, mientras los precios del petróleo caían, ExxonMobil experimentó una baja significativa en sus ingresos. Sin embargo, los fundamentos mostraban:

- Una base de activos diversificada que le permitiría recuperarse.

- Historial de dividendos constantes, incluso en tiempos de crisis.

Quienes mantuvieron sus acciones con base en estos fundamentos vieron una recuperación significativa en 2021 y 2022.

Por otro lado, empresas como NextEra Energy, enfocadas en energías renovables, mostraron fundamentos prometedores, como crecimiento constante y una ventaja competitiva en un sector en expansión.

Sector tecnológico: Microsoft y la reinvención digital

En 2013, Microsoft era vista como una empresa estancada en comparación con competidores como Apple y Google. Sin embargo, los fundamentos revelaron lo contrario:

- Flujos de efectivo sólidos, que permitían inversiones en nuevas áreas.

- Una transición hacia servicios en la nube, liderada por su CEO Satya Nadella.

Hoy, la nube representa más del 40% de los ingresos de Microsoft, impulsando su capitalización de mercado por encima de los $2.5 billones.

Lecciones prácticas para inversores

Lección 1: Paciencia paga

El análisis fundamental rara vez proporciona resultados inmediatos. Empresas como Apple, Amazon o Microsoft recompensaron a quienes se mantuvieron firmes incluso durante periodos de alta volatilidad.

Lección 2: Diversificación fundamentada

El análisis fundamental también te ayuda a diversificar de manera inteligente, seleccionando empresas en diferentes sectores con sólidos cimientos, en lugar de seguir modas o tendencias.

Lección 3: Comprender el valor intrínseco

Invertir no es solo comprar barato y vender caro. Es identificar empresas cuyo valor intrínseco está por encima de su precio de mercado actual.

Herramientas útiles:

- Ratio P/E (Precio/Ganancias): Indica si una empresa está subvalorada o sobrevalorada.

- ROE (Retorno sobre el Patrimonio): Muestra la eficiencia con la que una empresa genera ganancias con el dinero de sus accionistas.

Un caso reciente: Tesla (TSLA)

Tesla es un ejemplo fascinante de cómo el análisis fundamental puede generar debates entre los inversores. Algunos analistas consideraron que estaba sobrevalorada, mientras que otros vieron una oportunidad única basada en:

- Innovación tecnológica: Tesla no es solo una empresa de automóviles; también lidera en almacenamiento de energía y software autónomo.

- Crecimiento de ingresos: En 2021, Tesla reportó ingresos de más de $53,000 millones, un aumento del 71% respecto al año anterior.

- Ventaja competitiva: Su red de cargadores y la integración vertical son difíciles de replicar.

Para quienes confiaron en su visión a largo plazo, Tesla ofreció retornos superiores al 20,000% desde su salida a bolsa en 2010.

Del análisis a la acción

El análisis fundamental no es un lujo ni una tarea opcional. Es una necesidad para quienes buscan construir riqueza sostenible y minimizar riesgos. Desde gigantes tecnológicos hasta pequeñas empresas con potencial, los fundamentos te proporcionan una brújula clara para navegar los mercados financieros.

En los próximos capítulos, profundizaremos en las métricas específicas que debes dominar, las herramientas disponibles y estrategias para identificar las mejores oportunidades de inversión. Recuerda, los grandes inversores no nacen: se forman, y el análisis fundamental es el primer paso en ese camino.

Caso/Empresa	Precio Inicial de Acción	Precio Actual o Retorno	Puntos Clave del Análisis Fundamental	Lección Principal
Apple (AAPL)	$7 (2003)	$190+ (2024); Retorno: +27,000%	Crecimiento de ingresos, liderazgo sólido, modelo de negocio único.	Invertir en innovación a largo plazo.
Coca-Cola (KO)	Inversión inicial: $1,000M	Valor actual: +$25,000M (Buffett sin dividendos)	Marca global, estabilidad en flujos de efectivo, expansión constante.	La consistencia puede superar la volatilidad.
Amazon (AMZN)	$18 (1997)	+$3,600 antes del split; Retorno: +133,000%	Visión estratégica, innovación, mercado en expansión.	Apostar al crecimiento de tendencias emergentes.
Shopify (SHOP)	$17 (2015)	$200-$1,700 antes de caídas	Modelo SaaS, comercio electrónico en expansión, liderazgo en nicho.	Identificar sectores de alto crecimiento.
Beyond Meat (BYND)	~IPO: $25 (2019)	Fluctuaciones; pérdida de impulso inicial	Crecimiento inicial acelerado, dependencia de una moda de consumo.	Evaluar sostenibilidad de modelos en auge.
ExxonMobil (XOM)	$40 (2020, crisis petróleo)	+$110 (2024)	Base de activos diversificada, historial de dividendos sólidos.	Confiar en fundamentos en sectores cíclicos.
NextEra Energy (NEE)	$25 (2010 aprox.)	$70-$80 (2024)	Crecimiento constante en renovables, ventaja competitiva.	Apostar en sectores con potencial a largo plazo.
Microsoft (MSFT)	$35 (2013 aprox.)	+$330 (2024)	Flujos de efectivo sólidos, transición al modelo de nube.	Reinventarse genera valor sostenible.
Tesla (TSLA)	$17 (2010, IPO)	+$250-$1,200 antes del split	Innovación tecnológica, ingresos crecientes, ventaja competitiva.	Evaluar modelos disruptivos con visión global.

Tabla Resumen

RESUMEN POR SECTOR:

Sector	Ejemplo Principal	Lección Principal
Tecnología	Apple, Amazon	La innovación y la visión a largo plazo son claves para el éxito.
Consumo Masivo	Coca-Cola	La estabilidad y la marca global generan riqueza a largo plazo.
Energía	ExxonMobil, NextEra	Equilibrar riesgos en sectores tradicionales y emergentes es crucial.
Alimentos	Beyond Meat	Evaluar modas de consumo versus sostenibilidad del modelo.
Renovables	NextEra Energy	Las tendencias globales pueden respaldar crecimiento sostenido.

CAPÍTULO 2: CÓMO EVALUAR EMPRESAS COMO UN EXPERTO

Invertir en empresas es mucho más que seguir los rumores del mercado o apostar por una acción que "todos" están comprando. Se trata de realizar un análisis exhaustivo y fundamentado que permita tomar decisiones informadas y maximizar el potencial de retorno de la inversión. En este capítulo, aprenderás a evaluar empresas como un verdadero experto en inversión, explorando las claves para analizar estados financieros, identificar métricas clave y entender qué hace a una empresa realmente valiosa.

El arte del análisis fundamental

El análisis fundamental es como descifrar un rompecabezas. Se basa en estudiar los aspectos financieros, económicos y cualitativos de una empresa para determinar si está sobrevalorada, subvalorada o justamente valorada. Este enfoque contrasta con el análisis técnico, que se centra en patrones de precios y gráficos.

La clave del análisis fundamental es comprender la historia que cuentan los números y datos. A través de los estados financieros, ratios y otros indicadores, puedes descubrir si una empresa tiene una base sólida o si está construida sobre terreno inestable.

1. Los estados financieros: La columna vertebral del análisis

Los estados financieros son la primera parada en tu camino para evaluar empresas. Hay tres documentos principales que necesitas dominar:

1.1 Estado de resultados: ¿Qué tan rentable es la empresa?

El estado de resultados muestra los ingresos, costos y gastos de una empresa durante un período específico. Aquí están las métricas clave que debes analizar:

- Ingresos (ventas): Indican cuánto dinero genera la empresa. Busca tendencias de crecimiento en los ingresos año tras año.

- Costo de bienes vendidos (COGS): Mide el costo directo de producir los productos o servicios vendidos. Una disminución en el COGS como porcentaje de los ingresos puede ser señal de eficiencia operativa.

- Utilidad bruta: Calculada como ingresos menos COGS. Una utilidad bruta creciente sugiere que la empresa está generando más valor por cada unidad vendida.

- Utilidad operativa: También llamada EBIT (Earnings Before Interest and Taxes), muestra la rentabilidad después de considerar los gastos operativos.

> Consejo del experto: Presta atención al margen neto, que indica cuánto dinero queda de cada dólar después de todos los costos. Un margen neto alto es señal de una empresa eficiente.

1.2 Balance general: La salud financiera de la empresa

El balance general detalla los activos, pasivos y patrimonio neto de la empresa. Es una radiografía de su situación financiera en un momento dado.

- Activos: Lo que la empresa posee, desde efectivo hasta propiedades y equipos.

- Pasivos: Lo que debe, como deudas y cuentas por pagar.

- Patrimonio neto: La diferencia entre los activos y los pasivos, que representa el valor residual para los accionistas.

> Tip clave: Busca empresas con una relación deuda/patrimonio manejable. Un nivel de deuda excesivo puede ser un problema si las tasas de interés aumentan o los ingresos caen.

1.3 Estado de flujo de efectivo: El rey del análisis financiero

El flujo de efectivo muestra cómo entra y sale el dinero de la empresa. Muchos expertos consideran este estado financiero más importante que el balance o el estado de resultados, ya que el flujo de efectivo positivo es esencial para mantener las operaciones.

- Flujo de efectivo operativo: Dinero generado por las operaciones principales de la empresa.

- Flujo de efectivo de inversión: Muestra cómo la empresa invierte en activos como propiedades o adquisiciones.

- Flujo de efectivo de financiamiento: Detalla el dinero obtenido o utilizado para financiar la empresa, como emisión de acciones o pagos de deuda.

> Regla de oro: Prioriza empresas con un flujo de efectivo operativo consistente y creciente, ya que es un buen indicador de sostenibilidad a largo plazo.

2. Métricas clave para identificar empresas ganadoras

Las métricas financieras son como los signos vitales de una empresa. Aquí están las más importantes y cómo interpretarlas:

2.1 Ratio Precio/Utilidad (P/U): ¿Es la acción cara o barata?

El P/U mide cuánto están dispuestos a pagar los inversores por cada dólar de ganancias.

- Un P/U bajo puede indicar que la acción está subvalorada.

- Un P/U alto puede significar que los inversores esperan un alto crecimiento futuro.

> Nota: Compara el P/U de la empresa con su sector o con el mercado en general para tener un mejor contexto.

2.2 ROE (Return on Equity): ¿Qué tan bien usa la empresa su patrimonio?

El ROE mide la rentabilidad generada por cada dólar de patrimonio. Busca empresas con un ROE consistente y superior al promedio del sector.

2.3 Margen de EBITDA: Una visión clara de la eficiencia operativa

El EBITDA (Earnings Before Interest, Taxes, Depreciation, and Amortization) elimina los gastos no operativos para mostrar cuán eficiente es una empresa en sus operaciones principales.

- Un margen de EBITDA alto es una señal positiva.

- Compara el margen de EBITDA con el de sus competidores.

3. Factores cualitativos: Lo que los números no cuentan

Más allá de los estados financieros y las métricas, es crucial evaluar factores cualitativos que impacten el valor de una empresa.

3.1 Ventaja competitiva: ¿Qué hace única a la empresa?

Busca empresas con barreras de entrada sólidas, marcas reconocidas o economías de escala. Una ventaja competitiva fuerte puede proteger a la empresa de la competencia.

3.2 Equipo de liderazgo: ¿Quién dirige el barco?

Un liderazgo competente y ético puede marcar la diferencia entre el éxito y el fracaso. Investiga el historial y las decisiones clave de los directivos.

3.3 Industria y tendencias: ¿Está la empresa en el sector correcto?

Evalúa si la industria en la que opera la empresa está en crecimiento o declive. También considera las tendencias macroeconómicas que podrían afectar su desempeño.

4. Caso práctico: Evaluando una empresa real

Para ilustrar estos conceptos, consideremos un ejemplo hipotético: analizar la empresa ficticia "TechFuture Inc.", que opera en el sector tecnológico.

Paso 1: Revisar los estados financieros

- Ingresos: TechFuture Inc. ha mostrado un crecimiento anual compuesto (CAGR) del 15% en los últimos cinco años.

- Deuda: La empresa tiene una relación deuda/patrimonio de 0.4, lo cual es manejable.

- Flujo de efectivo: Genera un flujo de efectivo operativo positivo y creciente.

Paso 2: Calcular métricas clave

- P/U: Su ratio P/U es de 25, ligeramente superior al promedio del sector, lo que refleja expectativas de alto crecimiento.

- ROE: TechFuture tiene un ROE del 18%, muy por encima del promedio del sector (12%).

Paso 3: Evaluar factores cualitativos

- Ventaja competitiva: La empresa tiene una patente exclusiva en inteligencia artificial que la diferencia de sus competidores.

- Industria: El sector de IA está en auge, con proyecciones de crecimiento sostenido para la próxima década.

> Conclusión: TechFuture Inc. parece ser una empresa prometedora, con fundamentos sólidos y un gran potencial de crecimiento a largo plazo.

5. Los errores comunes al evaluar empresas

Incluso los inversores experimentados cometen errores al analizar empresas. Aquí hay algunos errores comunes y cómo evitarlos:

5.1 Enfocarse solo en una métrica

Un P/U bajo o un ROE alto no cuentan toda la historia. Siempre considera el panorama completo.

5.2 Ignorar el flujo de efectivo

Una empresa puede mostrar grandes ingresos, pero si no genera flujo de efectivo positivo, podría tener problemas de liquidez.

5.3 No considerar el contexto macroeconómico

Las tendencias globales, las tasas de interés y los cambios regulatorios pueden afectar significativamente el desempeño de una empresa.

6. Herramientas y recursos para el análisis fundamental

Para simplificar tu análisis, aquí tienes algunas herramientas populares:

- Yahoo Finance: Excelente para datos financieros y noticias del mercado.

- Morningstar: Proporciona análisis detallados y calificaciones de acciones.

- Bloomberg Terminal: Una opción premium para inversores avanzados.

- Excel o Google Sheets: Útil para crear tus propios modelos de valoración.

Dominar el análisis fundamental es una habilidad invaluable para cualquier inversor. Al aprender a leer estados financieros, identificar métricas clave y considerar factores cualitativos, estarás en una posición sólida para tomar decisiones informadas y construir riqueza a largo plazo.

En los próximos capítulos, profundizaremos en cómo identificar oportunidades de inversión en diferentes sectores y cómo crear una cartera diversificada y resiliente. ¿Listo para seguir aprendiendo? ¡Vamos a ello!

CÓMO EVALUAR EMPRESAS COMO UN EXPERTO CON EJEMPLOS REALES

Para aplicar lo aprendido en el análisis fundamental, veremos cómo evaluar tres de las empresas más grandes y reconocidas del mundo: **Apple Inc.**, **Amazon.com Inc.**, y **Tesla Inc.**. Estas compañías dominan sus respectivas industrias, pero cada una tiene características financieras y cualitativas únicas que las hacen fascinantes de analizar.

1. CASO APPLE INC. (NASDAQ: AAPL)

Apple, fundada en 1976, ha sido un líder innovador en tecnología y diseño. Con productos icónicos como el iPhone, iPad y MacBook, es una de las empresas más valiosas del mundo.

1.1 Estado de resultados

- **Ingresos totales (2023):** $394 mil millones.

- **Utilidad neta:** $99.8 mil millones, reflejando un margen neto del 25.3%.

- **Tendencias:** Aunque las ventas de hardware son la base principal de ingresos, el segmento de servicios (App Store, Apple Music, iCloud) está creciendo rápidamente, representando un 20% de los ingresos totales.

Análisis: El margen neto consistentemente alto es un testimonio de la eficiencia operativa y la capacidad de Apple para cobrar una prima por sus productos.

1.2 Balance general

- **Activos totales:** $351 mil millones.

- **Pasivos totales:** $267 mil millones.

- **Relación deuda/patrimonio:** 1.85.

Análisis: Aunque la deuda de Apple puede parecer alta, la compañía tiene $55 mil millones en efectivo y equivalentes, lo que le permite manejar sus obligaciones cómodamente.

1.3 Flujos de efectivo

- **Flujo operativo (2023):** $122 mil millones.

- **Flujo libre de efectivo:** $90 mil millones, después de gastos de capital.

Conclusión: El flujo de efectivo fuerte permite a Apple reinvertir en innovación, recompra de acciones y dividendos consistentes.

1.4 Métricas clave

- **P/U (2023):** 30.

- **ROE:** 160%, impulsado por el apalancamiento financiero eficiente.

- **Margen EBITDA:** 33.5%.

Evaluación: Aunque el ratio P/U puede parecer alto, el ROE y los márgenes son excepcionales, justificando una valoración premium.

Factores cualitativos

- **Ventaja competitiva:** Ecosistema cerrado que fomenta la lealtad de los clientes.

- **Liderazgo:** Tim Cook ha demostrado ser un excelente administrador, optimizando las operaciones y expandiendo el negocio de servicios.

- **Tendencias de la industria:** El crecimiento en realidad aumentada y wearable technology posiciona a Apple como líder en sectores emergentes.

2. CASO AMAZON.COM INC. (NASDAQ: AMZN)

Amazon comenzó como una librería en línea en 1994 y ahora es una potencia global en comercio electrónico, servicios en la nube (AWS) y más.

2.1 Estado de resultados

- **Ingresos totales (2023):** $524 mil millones.

- **Utilidad neta:** $33 mil millones, reflejando un margen neto del 6.3%.

- **Tendencias:** AWS representa un 16% de los ingresos totales, pero más del 70% de las utilidades operativas debido a sus altos márgenes.

Análisis: El comercio electrónico tiene márgenes más bajos, pero AWS impulsa la rentabilidad general.

2.2 Balance general

- **Activos totales:** $477 mil millones.

- **Pasivos totales:** $277 mil millones.

- **Relación deuda/patrimonio:** 1.12.

Análisis: Una posición de deuda manejable y un balance sólido respaldan el crecimiento continuo.

2.3 Flujos de efectivo

- **Flujo operativo (2023):** $60 mil millones.

- **Flujo libre de efectivo:** $25 mil millones, menor debido a las grandes inversiones en infraestructura y logística.

Conclusión: Aunque la generación de flujo libre de efectivo es moderada, las inversiones estratégicas fortalecen su posición competitiva a largo plazo.

2.4 Métricas clave

- **P/U (2023):** 58.

- **ROE:** 20%.

- **Margen EBITDA:** 13.5%.

Evaluación: Un P/U alto refleja las expectativas de crecimiento futuro, pero los márgenes moderados y el ROE muestran oportunidades de mejora.

Factores cualitativos

- **Ventaja competitiva:** Infraestructura logística inigualable y lealtad del cliente a través de Amazon Prime.

- **Liderazgo:** Andy Jassy ha continuado la visión de Jeff Bezos, enfocándose en innovación y eficiencia.

- **Tendencias de la industria:** El auge de la nube y el comercio electrónico posicionan a Amazon como un líder indiscutible en ambos sectores.

3. CASO TESLA INC. (NASDAQ: TSLA)

Tesla, fundada en 2003, revolucionó la industria automotriz con vehículos eléctricos y energía renovable. Su rápido crecimiento ha capturado la imaginación de los inversores.

3.1 Estado de resultados

- **Ingresos totales (2023):** $92 mil millones.

- **Utilidad neta:** $12.6 mil millones, con un margen neto del 13.7%.

- **Tendencias:** Las ventas de automóviles eléctricos representan el 85% de los ingresos, pero el negocio de energía solar y almacenamiento está creciendo rápidamente.

Análisis: Tesla ha alcanzado márgenes positivos, algo inusual en la industria automotriz, gracias a su enfoque en la eficiencia y tecnología avanzada.

1.2 Balance general

- **Activos totales:** $94 mil millones.

- **Pasivos totales:** $42 mil millones.

- **Relación deuda/patrimonio:** 0.7.

Análisis: Tesla tiene un balance sólido con baja deuda relativa y una posición de efectivo robusta.

1.3 Flujos de efectivo

- **Flujo operativo (2023):** $15 mil millones.

- **Flujo libre de efectivo:** $8 mil millones, después de gastos de capital significativos.

Conclusión: Tesla está generando efectivo suficiente para financiar su expansión global, incluyendo nuevas fábricas.

1.4 Métricas clave

- **P/U (2023):** 72.

- **ROE:** 21%.

- **Margen EBITDA:** 22%.

Evaluación: Tesla tiene una valoración elevada, pero los inversores están apostando por su capacidad de liderar el futuro de la movilidad eléctrica y la energía limpia.

Factores cualitativos

- **Ventaja competitiva:** Innovación tecnológica, red de supercargadores global y marca líder en vehículos eléctricos.

- **Liderazgo:** Elon Musk es una figura polarizadora pero visionaria, lo que ha impulsado a Tesla a superar barreras industriales.

- **Tendencias de la industria:** El cambio hacia la sostenibilidad y las regulaciones más estrictas sobre emisiones favorecen el modelo de negocio de Tesla.

COMPARACIÓN DE LAS TRES EMPRESAS

Empresa	Ingresos (2023)	Utilidad neta	Margen neto	P/U	ROE	Ventaja Competitiva
Apple	$394 mil millones	$99.8 mil millones	25.3%	30	160%	Ecosistema cerrado y lealtad del cliente
Amazon	$524 mil millones	$33 mil millones	6.3%	58	20%	Logística global y AWS
Tesla	$92 mil millones	$12.6 mil millones	13.7%	72	21%	Innovación en movilidad eléctrica

Estos ejemplos demuestran cómo cada empresa tiene fortalezas y debilidades únicas, que los inversores deben analizar cuidadosamente.

- **Apple:** Un titán con márgenes excepcionales y flujos de efectivo impresionantes, ideal para inversores conservadores.

- **Amazon:** Un líder en crecimiento que equilibra comercio electrónico de bajo margen con los altos márgenes de AWS.

- **Tesla:** Una apuesta al futuro, ideal para quienes buscan empresas disruptivas en industrias emergentes.

Al aplicar los principios de análisis fundamental, puedes identificar las mejores oportunidades y tomar decisiones de inversión informadas. ¡El próximo capítulo profundizará en cómo diversificar una cartera utilizando empresas líderes como estas!

CAPÍTULO 3: DESCIFRANDO SECTORES Y OPORTUNIDADES DE MERCADO

Invertir no es solo escoger una acción o un bono al azar; es comprender el ecosistema en el que estos activos operan. Cada sector de la economía tiene su propio ciclo, oportunidades y riesgos únicos. En este capítulo, exploraremos cómo el contexto económico y la dinámica sectorial pueden guiar tus decisiones de inversión hacia oportunidades sólidas y bien fundamentadas.

La Importancia del Contexto Económico

El punto de partida para identificar oportunidades en el mercado es entender el panorama económico general. Imagina que la economía es un vasto océano y los sectores son sus corrientes. Para navegar con éxito, necesitas leer los vientos y las mareas.

Indicadores Clave

Algunos indicadores económicos pueden ofrecer pistas valiosas sobre hacia dónde se dirige la economía:

1. Crecimiento del PIB: Un PIB en crecimiento suele beneficiar a sectores cíclicos como bienes de consumo discrecional, tecnología y construcción. En contraposición, durante una recesión, sectores defensivos como salud, servicios básicos y consumo no discrecional suelen sobresalir.

2. Inflación: Altas tasas de inflación suelen afectar negativamente a sectores intensivos en capital, pero pueden ser positivas para sectores como energía y commodities.

3. Política monetaria: Cuando las tasas de interés suben, los sectores con alta deuda (como bienes raíces o construcción) pueden verse presionados, mientras que los bancos y las aseguradoras suelen beneficiarse.

4. Tendencias globales: Factores como el crecimiento de mercados emergentes, la transición energética y el envejecimiento poblacional afectan sectores como tecnología, salud y energías renovables.

La Dinámica Sectorial

Cada sector tiene sus propias reglas del juego, y entenderlas te da una ventaja competitiva. Vamos a explorar algunos sectores clave y cómo sus características pueden influir en tus decisiones de inversión:

1. Tecnología

La tecnología es uno de los sectores más dinámicos y disruptivos. Ofrece oportunidades significativas de crecimiento, pero también conlleva riesgos altos debido a su volatilidad.

Ejemplo real:

En 2020, el auge del trabajo remoto impulsó el valor de empresas como Zoom y Microsoft. Las oportunidades surgen cuando identificas cambios en los patrones de consumo.

Estrategia:

Busca empresas con ventajas competitivas claras, como patentes, redes de usuarios leales o innovación constante. Los ratios financieros clave aquí incluyen el Price-to-Earnings Growth (PEG) y márgenes de EBITDA.

2. Energía y Commodities

Estos sectores están influenciados en gran medida por factores macroeconómicos como la oferta, la demanda y los eventos geopolíticos.

Ejemplo real:

El conflicto en Ucrania en 2022 provocó un alza en los precios del petróleo, beneficiando a empresas del sector energético, pero perjudicando a industrias dependientes de energía barata.

Estrategia:

En este sector, la gestión de costos y la diversificación geográfica son claves. Monitorea ratios como el costo por barril producido y los márgenes operativos.

3. Salud

Un sector defensivo por excelencia, el sector salud tiende a funcionar bien en casi cualquier etapa del ciclo económico.

Ejemplo real:

El envejecimiento de la población en países desarrollados está impulsando el crecimiento en empresas farmacéuticas y de dispositivos médicos.

Estrategia:

Busca compañías con pipelines robustos (es decir, nuevos medicamentos en desarrollo) y una sólida cartera de patentes. Ratios como el Price-to-Sales (P/S) y el retorno sobre la inversión en I+D son indicadores clave.

4. Consumo Discrecional y No Discrecional

- Discrecional: Incluye bienes y servicios que las personas compran cuando tienen ingresos disponibles, como autos y vacaciones.

- No discrecional: Productos esenciales como alimentos, bebidas y productos de limpieza.

Ejemplo real:

Durante la recesión de 2008, las acciones de Walmart y Procter & Gamble se mantuvieron estables, mientras que las de marcas de lujo sufrieron.

Estrategia:

Invierte en consumo discrecional durante expansiones económicas y en no discrecional en épocas de incertidumbre. En este sector, observa ratios como el crecimiento de ventas comparables y márgenes netos.

5. Energías Renovables

Un sector emergente con gran potencial, impulsado por la transición energética global y el interés en sostenibilidad.

Ejemplo real:

Tesla no solo revolucionó la industria automotriz, sino que también transformó el mercado energético con sus baterías y paneles solares.

Estrategia:

Identifica empresas con tecnología escalable y apoyadas por políticas gubernamentales. Los ratios de deuda y el flujo de caja libre son esenciales aquí.

Decisiones Bajo Presión: Un Caso Realista

Pablo, un empresario de 35 años, decidió entrar al mundo de la inversión en 2021, inspirado por el auge de las criptomonedas y el crecimiento de empresas tecnológicas. Sin embargo, pronto enfrentó un desafío inesperado: un cambio drástico en la política monetaria global.

El Contexto Económico

La Reserva Federal comenzó a subir tasas de interés para combatir la inflación, lo que afectó particularmente a las empresas tecnológicas de alto crecimiento. Pablo vio cómo sus inversiones en startups tecnológicas perdían valor rápidamente.

Análisis Sectorial

En lugar de entrar en pánico, Pablo decidió revaluar su portafolio. Se dio cuenta de que había ignorado sectores defensivos como salud y consumo no discrecional. Además, notó que el aumento de las tasas beneficiaba al sector financiero, especialmente bancos y aseguradoras.

Estrategia de Rebalanceo

Pablo realizó tres movimientos clave:

1. Vendió parte de sus acciones tecnológicas con pérdidas para reducir el riesgo.

2. Compró acciones de empresas farmacéuticas con sólidos pipelines, como Pfizer.

3. Invirtió en un ETF de bancos regionales estadounidenses, aprovechando el entorno de tasas altas.

Herramientas para Identificar Oportunidades

Para identificar oportunidades sectoriales, utiliza estas herramientas:

1. Screeners Financieros: Herramientas como Yahoo Finance o Bloomberg permiten filtrar acciones según sector, ratios financieros y rendimiento histórico.

2. Informes Sectoriales: Empresas como McKinsey y Deloitte publican análisis gratuitos sobre tendencias en diferentes industrias.

3. Noticias Económicas: Mantente actualizado con fuentes confiables para identificar eventos que podrían afectar sectores específicos.

El Poder de los Ciclos Sectoriales

Cada sector pasa por ciclos, y aprender a identificarlos puede marcar la diferencia en tus resultados:

- Expansión: Sectores cíclicos como tecnología y bienes de consumo discrecional suelen liderar.

- Recesión: Sectores defensivos como salud y servicios básicos sobresalen.

Descifrar sectores y oportunidades de mercado no se trata solo de seguir las noticias o elegir lo popular. Es un ejercicio estratégico que requiere análisis, paciencia y adaptabilidad. Al comprender cómo el contexto económico y la dinámica sectorial influyen en tus decisiones, puedes construir un portafolio más sólido y preparado para resistir los vaivenes del mercado.

La próxima vez que analices una oportunidad de inversión, pregúntate:

> ¿Cómo afecta el entorno económico actual a este sector? ¿Estoy preparado para capitalizar esta oportunidad o mitigar sus riesgos?

Adoptar este enfoque te acercará un paso más a dominar el análisis fundamental y construir una riqueza sólida.

Los Tres Principales Desafíos al Analizar Sectores y Oportunidades de Mercado

Descifrar sectores y detectar oportunidades de mercado no es una tarea sencilla. Requiere un equilibrio entre análisis, intuición y capacidad para actuar bajo incertidumbre. En este capítulo, exploraremos los tres principales desafíos que enfrentan los inversores al aplicar este enfoque, respaldándolos con ejemplos reales y prácticos. Te invito a reflexionar sobre tus propios pasos como inversor mientras profundizamos en estas dificultades.

Desafío 1: La sobreabundancia de información

En el mundo actual, los inversores tienen acceso a más información que nunca. Esto, aunque parece una ventaja, a menudo se convierte en un arma de doble filo.

El Problema de las Señales Mezcladas

Cada sector tiene sus propias métricas clave, pero estas no siempre cuentan toda la historia. Por ejemplo, las empresas tecnológicas pueden parecer caras si solo observas su relación precio-ganancias (P/E), pero razonables si consideras su crecimiento futuro. La sobreabundancia de datos puede llevarte a ignorar señales relevantes o, peor aún, a reaccionar ante información irrelevante.

Ejemplo real:

En 2021, muchos inversores compraron acciones de Tesla basándose en su espectacular crecimiento en ventas de vehículos eléctricos. Sin embargo, otros se mostraron escépticos al observar el alto P/E ratio de la empresa, que superaba los 1,000. Al final, quienes entendieron la dinámica del sector (la transición hacia la energía sostenible) pudieron ver más allá de los números superficiales.

Cómo Superarlo

1. Define tus objetivos: Antes de analizar un sector, pregúntate: ¿qué estoy buscando? ¿Rendimiento a largo plazo o ganancias rápidas? Esto te ayudará a filtrar información.

2. Prioriza las fuentes confiables: Consulta informes sectoriales de firmas como McKinsey, Deloitte o Bloomberg.

3. Simplifica los datos: Usa herramientas como stock screeners o dashboards personalizados para enfocarte en las métricas clave de cada sector.

Reflexión:

¿Cuánto tiempo dedicas a analizar un sector antes de tomar una decisión? ¿Te apoyas en métricas claras o sigues tendencias sin fundamentos sólidos?

Desafío 2: La incertidumbre macroeconómica

Los mercados y sectores no operan en el vacío; están profundamente influenciados por factores macroeconómicos como tasas de interés, inflación y conflictos geopolíticos. Este entorno volátil puede hacer que incluso las inversiones mejor fundamentadas enfrenten desafíos.

El Problema del Factor Externo

Incluso las empresas más sólidas pueden verse afectadas por cambios inesperados en el entorno global. Durante la pandemia de COVID-19, por ejemplo, sectores como turismo y aviación enfrentaron caídas históricas, mientras que tecnología y comercio electrónico prosperaron.

Ejemplo real:

En 2022, el sector energético experimentó un auge debido a las interrupciones en el suministro global de petróleo causadas por el conflicto en Ucrania. Las empresas como ExxonMobil y Chevron registraron ganancias récord. Por otro lado, industrias intensivas en energía, como manufactura y transporte, sufrieron márgenes más bajos debido al aumento de costos.

Cómo Superarlo

1. Diversifica: No pongas todos tus huevos en una sola canasta sectorial. Asegúrate de tener exposición a diferentes industrias para mitigar el riesgo.

2. Sigue los indicadores globales: Mantente informado sobre políticas monetarias, eventos geopolíticos y tendencias económicas clave.

3. Adopta un enfoque dinámico: Reevalúa periódicamente tus inversiones y ajusta tu portafolio según las condiciones cambiantes.

Interacción:

Piensa en un sector que creas prometedor hoy. ¿Cómo podría un evento global inesperado impactar su desempeño?

Desafío 3: La presión emocional y la toma de decisiones bajo incertidumbre

Invertir no es solo un ejercicio intelectual; también es una prueba de disciplina emocional. Los mercados pueden ser impredecibles, y es fácil caer en la trampa del miedo o la codicia.

El Problema de las Decisiones Reactivas

Durante caídas del mercado, muchos inversores venden en pánico, perdiendo la oportunidad de obtener ganancias futuras. En momentos de auge, otros compran acciones infladas, esperando que los precios sigan subiendo. Este comportamiento a menudo resulta en pérdidas.

Ejemplo real:

Durante la crisis financiera de 2008, los mercados globales colapsaron y muchos inversores vendieron sus posiciones por miedo. Sin embargo, quienes mantuvieron sus inversiones o compraron en los momentos más bajos vieron rendimientos significativos en los años posteriores. Un caso emblemático es Warren Buffett, quien aprovechó la caída para invertir en empresas sólidas a precios de descuento.

Cómo Superarlo

1. Establece reglas claras: Define de antemano en qué condiciones comprarás, venderás o mantendrás una inversión.

2. Piensa a largo plazo: Recuerda que los mercados suelen recuperarse de crisis, y los sectores bien seleccionados pueden prosperar con el tiempo.

3. Busca apoyo: Habla con mentores o asesores financieros cuando enfrentes decisiones difíciles.

Interacción:

¿Cuántas veces has tomado decisiones de inversión impulsado por las emociones? ¿Qué puedes hacer para evitarlo en el futuro?

Un Caso de Estudio: Enfrentando los Tres Desafíos

Marta, una ingeniera de 40 años, decidió comenzar a invertir en 2020 para construir un fondo para su retiro. Con conocimientos técnicos sólidos, pero poca experiencia financiera, enfrentó los tres desafíos mencionados:

El Desafío de la Sobreabundancia de Información

Al analizar el sector tecnológico, Marta se sintió abrumada por la cantidad de datos disponibles. ¿Debería invertir en gigantes como Apple o en startups prometedoras de inteligencia artificial? Después de investigar, decidió priorizar empresas con una posición sólida en el mercado, como Microsoft, que ofrecían estabilidad y potencial de crecimiento.

El Desafío de la Incertidumbre Macroeconómica

Cuando las tasas de interés comenzaron a subir en 2022, Marta vio que el sector tecnológico estaba bajo presión. En lugar de entrar en pánico, diversificó su portafolio invirtiendo en empresas de consumo no discrecional y energías renovables, sectores menos afectados por las tasas altas.

El Desafío Emocional

Durante la caída del mercado en 2022, Marta sintió la tentación de vender sus acciones tecnológicas, que habían perdido más del 20% de su valor. Sin embargo, recordó su objetivo a largo plazo y se mantuvo firme. Un año después, estas acciones comenzaron a recuperarse, validando su decisión.

Lección:

Marta logró superar estos desafíos al combinar análisis racional con disciplina emocional, mostrando cómo un enfoque equilibrado puede ayudarte a prosperar incluso en tiempos difíciles.

Reflexión Final: Convirtiendo Desafíos en Oportunidades

Los desafíos que enfrentan los inversores al analizar sectores y oportunidades de mercado no son obstáculos insuperables. Son pruebas que, si se abordan con una estrategia clara y una mentalidad resiliente, pueden convertirse en tus mayores ventajas.

La clave está en prepararte para la incertidumbre, confiar en tu análisis y mantener la disciplina emocional. Al hacerlo, no solo podrás sortear los retos del mercado, sino también identificar las oportunidades que otros pasan por alto.

> Pregunta para el lector:

¿Cuál de estos desafíos representa tu mayor reto actual como inversor? ¿Qué pasos concretos tomarás para enfrentarlo?

Desafío	Impacto Estimado	Ejemplo Real	Estrategias Adoptadas
Sobreabundancia de información	- **60% de inversores** sienten que tienen demasiados datos para procesar y priorizar.	Tesla en 2021: Muchos inversores malinterpretaron el P/E alto sin considerar la transición hacia energía sostenible.	- Definir métricas clave (ej., crecimiento proyectado). - Usar herramientas como *stock screeners* para filtrar información.
Incertidumbre macroeconómica	- **40% de sectores** enfrentan alta volatilidad debido a factores globales (ej., conflictos, tasas de interés).	Energía en 2022: Conflicto en Ucrania impulsó precios del petróleo, beneficiando a ExxonMobil y Chevron, pero afectó industrias intensivas en energía.	- Diversificar portafolios. - Seguir indicadores macroeconómicos clave. - Reajustar posiciones periódicamente.
Presión emocional	- **70% de los inversores** toman decisiones impulsivas en crisis de mercado.	Crisis de 2008: Inversores vendieron en pánico, mientras que Warren Buffett invirtió en empresas sólidas a precios bajos.	- Establecer reglas claras de compra/venta. - Pensar a largo plazo. - Buscar asesoramiento profesional.
Caso Estudio: Marta (inversora)	- Recuperación del 20% de pérdidas tras mantenerse firme en su estrategia durante caídas del mercado.	Tecnología en 2022: Marta diversificó a sectores defensivos y resistió la tentación de vender acciones tecnológicas durante caídas.	- Combinar análisis racional y disciplina emocional. - Ajustar según condiciones del mercado. - Mantener visión a largo plazo.

CAPÍTULO 4: CREANDO UN PORTAFOLIO DIVERSIFICADO Y RESILIENTE

Uno de los pilares fundamentales para cualquier inversor exitoso es la capacidad de construir un portafolio que no solo crezca en valor, sino que también sea capaz de resistir las turbulencias del mercado. Este capítulo está diseñado para guiarte paso a paso en la creación de un portafolio diversificado y resiliente que equilibre riesgos y optimice retornos, siempre alineado con tus objetivos financieros.

1. ¿Por qué la Diversificación es Clave?

Diversificar significa repartir tus inversiones en una variedad de activos para reducir el riesgo general del portafolio. No se trata solo de comprar múltiples acciones, sino de combinar activos con características diferentes.

Ejemplo sencillo de diversificación:

Imagina que inviertes todo tu dinero en una sola empresa tecnológica. Si esa empresa sufre una caída inesperada, podrías perder una parte significativa de tu patrimonio. Pero si divides tu inversión en varias empresas de sectores diferentes (tecnología, salud, bienes raíces, consumo), el impacto negativo de una caída se verá amortiguado por el desempeño de las otras inversiones.

Principio clave: "No pongas todos tus huevos en la misma canasta."

Beneficios de la diversificación:

1. Mitigación de riesgos: Reduces la dependencia de un único activo o sector.

2. Mayor estabilidad: Protege tu portafolio de caídas bruscas en los mercados.

3. Oportunidades de crecimiento: Accedes a diferentes sectores y regiones económicas con potencial de crecimiento.

2. Comprendiendo tu Perfil de Inversionista

Antes de construir un portafolio, debes conocerte como inversionista. Tu perfil define cómo manejas el riesgo y cuáles son tus objetivos.

Preguntas clave para definir tu perfil:

- ¿Cuál es tu horizonte de inversión? (¿Corto, mediano o largo plazo?)

- ¿Cuál es tu tolerancia al riesgo? (¿Te sientes cómodo con posibles pérdidas a corto plazo para obtener mayores ganancias a largo plazo?)

- ¿Qué esperas lograr? (¿Aumentar tu riqueza, generar ingresos pasivos, proteger tu capital?)

Tu perfil puede ser:

- Conservador: Prefieres la seguridad y priorizas proteger tu capital.

- Moderado: Combinas inversiones de bajo y alto riesgo.

- Agresivo: Buscas altos rendimientos y estás dispuesto a asumir mayores riesgos.

3. Los Pilares de un Portafolio Resiliente

Un portafolio resiliente combina activos que no solo ofrecen buenos rendimientos, sino que también pueden resistir condiciones adversas del mercado. Aquí están los pilares principales:

3.1. Diversificación de activos

Incluye diferentes clases de activos:

- Acciones: Son ideales para el crecimiento a largo plazo, pero pueden ser volátiles.

- Bonos: Ofrecen estabilidad y menores riesgos.

- Fondos de inversión: Permiten acceder a una cartera diversificada con una sola compra.

- Bienes raíces: Actúan como refugio frente a la inflación.

- Metales preciosos: El oro y la plata son activos de protección durante crisis económicas.

3.2. Diversificación geográfica

Invierte en mercados de diferentes regiones:

- Países desarrollados: Son más estables pero con menor potencial de crecimiento.

- Mercados emergentes: Ofrecen altas tasas de crecimiento, aunque con mayor riesgo.

3.3. Diversificación sectorial

Distribuye tus inversiones en sectores distintos: tecnología, salud, energía, consumo básico, etc. De este modo, si un sector se ve afectado, otros pueden compensar las pérdidas.

4. Estrategias para Optimizar Retornos

4.1. La regla del 60/40

Es una estrategia clásica que asigna el 60% de tu portafolio a acciones y el 40% a bonos. Esto permite un equilibrio entre crecimiento y estabilidad.

4.2. Peso dinámico de activos

A medida que te acercas a tus objetivos financieros, ajusta el peso de los activos. Por ejemplo:

- Si estás a 20 años de la jubilación, puedes asignar más a acciones (mayor riesgo).

- Si estás a 5 años, aumenta la proporción en bonos (menor riesgo).

4.3. Fondos indexados y ETFs

Estos vehículos de inversión replican índices como el S&P 500, lo que te permite diversificar con costos bajos. Son ideales para inversionistas principiantes y experimentados.

5. Herramientas para Evaluar el Riesgo

Para construir un portafolio resiliente, es esencial medir el riesgo. Aquí tienes herramientas útiles:

5.1. Beta de un activo

La beta mide la volatilidad de un activo en relación al mercado.

- Beta < 1: Menos volátil que el mercado.

- Beta > 1: Más volátil que el mercado.

5.2. Correlación entre activos

Busca activos con baja o negativa correlación. Esto significa que cuando uno baja, otro puede subir, balanceando tu portafolio.

5.3. Diversificación eficiente

Usa herramientas digitales como Morningstar o Yahoo Finance para analizar la diversificación de tu portafolio.

6. Estrategias de Revisión y Rebalanceo

Tu portafolio no es estático; necesita revisiones periódicas para mantenerse alineado con tus objetivos.

6.1. Establece una rutina de revisión

Revisa tu portafolio cada 6 o 12 meses para identificar:

- Activos que han crecido más de lo esperado (y podrían ser vendidos para tomar ganancias).

- Activos que han disminuido su peso (y podrían necesitar más inversión).

6.2. Rebalanceo automático

Muchos corredores ofrecen servicios de rebalanceo automático para mantener las proporciones originales de tu portafolio sin esfuerzo adicional.

7. Casos Prácticos de Portafolios Diversificados

Caso 1: Perfil Conservador

- 50% Bonos gubernamentales.

- 20% Fondos indexados.

- 15% Bienes raíces.

- 10% Metales preciosos.

- 5% Acciones de bajo riesgo (blue chips).

Caso 2: Perfil Moderado

- 40% Acciones globales.

- 30% Bonos corporativos.

- 20% Fondos sectoriales (como tecnología o salud).

- 10% Bienes raíces y commodities.

Caso 3: Perfil Agresivo

- 70% Acciones en mercados emergentes.

- 20% ETFs tecnológicos.

- 10% Startups o criptoactivos (asumiendo mayor riesgo).

8. Errores Comunes al Construir un Portafolio

1. Sobreexposición a un sector: Invertir demasiado en tecnología, por ejemplo, puede hacer que tu portafolio sea vulnerable.

2. Ignorar costos: Comisiones elevadas de fondos o plataformas pueden erosionar tus ganancias.

3. Falta de revisión: No ajustar tu portafolio puede desalinearlo con tus objetivos.

4. Seguir modas: Invertir en activos populares sin comprenderlos puede ser desastroso.

9. Cómo Crear un Portafolio Personalizado (Paso a Paso)

1. Define tus objetivos financieros y horizonte de inversión.

   - Ejemplo: "Quiero ahorrar para la jubilación en 20 años."

2. Evalúa tu tolerancia al riesgo.

   - Responde cuestionarios en línea para identificar si eres conservador, moderado o agresivo.

3. Selecciona clases de activos.

   - Decide cuánto asignarás a acciones, bonos, bienes raíces, etc.

4. Busca instrumentos financieros diversificados.

   - Investiga ETFs o fondos mutuos que cumplan con tus objetivos.

5. Invierte y monitorea.

   - Usa plataformas confiables como Vanguard, BlackRock o Interactive Brokers.

6. Rebalancea periódicamente.

   - Ajusta según el desempeño de los activos y cambios en tus objetivos.

La Clave de la Resiliencia

Crear un portafolio diversificado y resiliente no es un lujo, es una necesidad. La diversificación es tu escudo contra los imprevistos del mercado, mientras que la revisión constante te asegura que estás en el camino correcto hacia tus metas financieras.

Recuerda: cada decisión de inversión debe estar alineada con tus objetivos personales. Invierte con estrategia, paciencia y disciplina. Al dominar el arte de construir un portafolio, estarás un paso más cerca de construir una riqueza sólida y sostenible.

La Estrategia del Portafolio Resiliente

Diego era un joven analista financiero en una pequeña firma de inversiones en la Ciudad de México. Había pasado los últimos años aprendiendo todo lo que podía sobre mercados financieros, pero sentía que le faltaba algo crucial: aplicar la teoría en la vida real. Cuando decidió tomar el control de sus finanzas personales y construir su portafolio, sabía que no sería fácil, especialmente con la volatilidad del mercado tras la reciente recesión económica global.

Una tarde, mientras revisaba un informe sobre las fluctuaciones del mercado de bonos, Diego recibió un mensaje de su mentor, Laura, una experimentada gestora de fondos:

> "Diego, ¿estás listo para construir algo que dure? No es solo diversificar, es hacerlo con resiliencia. Ven a mi oficina mañana."

La Reunión Decisiva

Al día siguiente, Laura lo recibió con una sonrisa en su espaciosa oficina llena de gráficos y pantallas mostrando índices globales. Sobre la mesa, un libro abierto mostraba la frase:

> "La diversificación no garantiza el éxito, pero la falta de ella casi siempre garantiza el fracaso."

"Diego, quiero que diseñes un portafolio para ti mismo. Supongamos que tienes $100,000. Quiero que construyas algo que no solo crezca, sino que también pueda soportar momentos difíciles. Empieza hoy, pero cada decisión que tomes deberá justificarse como si el mercado estuviera a punto de colapsar."

Con esa tarea en mente, Diego salió del edificio, decidido a demostrar su capacidad para tomar decisiones bajo presión.

Paso 1: Definiendo el Propósito

Diego sabía que antes de elegir en qué invertir, necesitaba claridad sobre sus objetivos. En casa, abrió su computadora y creó una tabla con tres columnas:

1. Metas financieras: Ahorro para un anticipo de una casa en 5 años, acumulación para retiro en 30 años y generar ingresos pasivos estables en 10 años.

2. Horizonte de inversión: A corto, mediano y largo plazo.

3. Tolerancia al riesgo: Moderada; quería rendimientos sólidos, pero no podía permitirse perder la mayoría de su capital en un desplome del mercado.

Paso 2: Diversificación Inteligente

El primer desafío era decidir cómo distribuir su portafolio. Recordó algo que Laura le había enseñado:

> "Diversificar no es comprar muchas acciones al azar. Es combinar activos que se comportan de manera diferente en el mercado."

Diego decidió dividir su portafolio en cuatro áreas principales:

1. Acciones (50%)

   - Blue chips (25%): Empresas grandes y estables como Apple, Microsoft y Procter & Gamble.

   - Mercados emergentes (15%): Invirtió en un ETF que rastreaba mercados en Asia y Latinoamérica.

   - Tecnología innovadora (10%): Una apuesta más arriesgada en startups tecnológicas a través de un fondo especializado.

2. Bonos (30%)

   - 20% en bonos del gobierno mexicano, asegurando estabilidad.

   - 10% en bonos corporativos de empresas calificadas con "AAA".

3. Bienes raíces (10%)

   - Diego decidió usar una plataforma de crowdfunding para invertir en proyectos inmobiliarios en ciudades con alta demanda de alquiler.

4. Metales preciosos y commodities (10%)

   - Compró oro físico y ETF relacionados con la plata para protegerse de posibles crisis económicas.

Paso 3: Evaluación del Riesgo

Esa noche, mientras revisaba las características de cada activo, algo le llamó la atención. Su inversión en tecnología representaba un alto riesgo debido a la volatilidad del sector. Sin embargo, Diego sabía que también ofrecía oportunidades de crecimiento significativo. Decidió calcular la beta de las acciones tecnológicas para entender su comportamiento en comparación con el mercado general.

La beta promedio era 1.4, lo que indicaba una volatilidad elevada. Para contrarrestar este riesgo, ajustó su portafolio, aumentando ligeramente su exposición a bonos, que tenían una beta mucho más baja. "Equilibrio", pensó, "ese es el secreto."

El Primer Contratiempo

Un mes después, el mercado sufrió un desplome inesperado debido a una crisis geopolítica. Los índices bursátiles cayeron un 15%, y Diego vio cómo su inversión en tecnología se reducía drásticamente. En pánico, llamó a Laura:

"Laura, estoy perdiendo mucho dinero. ¿Debería vender ahora antes de que empeore?"

Laura respondió con calma:

> "¿Qué has aprendido hasta ahora, Diego? ¿Tu portafolio está diseñado para el corto plazo o el largo plazo?"

La pregunta lo obligó a detenerse y reflexionar. Sabía que había construido su portafolio para resistir este tipo de situaciones. En lugar de vender, Diego decidió mantenerse firme, confiando en que la diversificación mitigaría las pérdidas a largo plazo.

Paso 4: Rebalanceo en Acción

Después del desplome, Diego notó que sus bonos y su inversión en oro habían subido, contrarrestando parte de las pérdidas en acciones. Esto reforzó su confianza en la diversificación. Sin embargo, también se dio cuenta de que la proporción de su portafolio ya no era la misma:

- Las acciones ahora representaban solo el 40% del total, mientras que los bonos habían aumentado a 35%.

Decidió rebalancear. Vendió una parte de sus bonos y compró más acciones tecnológicas, aprovechando que estaban a precios bajos. Esta estrategia, conocida como "comprar en la caída", le permitió ajustar su portafolio para alinearlo con su objetivo original.

Paso 5: Incorporando Diversificación Geográfica

Diego notó que su portafolio estaba demasiado concentrado en América. Decidió diversificar geográficamente invirtiendo en un ETF europeo y otro enfocado en mercados emergentes como India y Brasil. Esto añadió una capa extra de resiliencia, ya que diferentes regiones tienden a comportarse de manera distinta ante las mismas condiciones económicas.

Toma de Decisiones Bajo Presión: Un Segundo Desafío

Un año después, el mercado se recuperó. Diego estaba satisfecho con su progreso, pero un nuevo dilema surgió: un amigo cercano le ofreció invertir en una startup que prometía altos retornos, aunque con un riesgo elevado.

Diego sabía que debía evaluar la propuesta con cuidado. Utilizó una estrategia que Laura le había enseñado: el análisis fundamental. Revisó los estados financieros de la startup, su plan de negocio y los datos de la industria. Aunque la oportunidad era interesante, descubrió que la empresa tenía una alta deuda y un flujo de caja inestable.

En lugar de invertir directamente, Diego decidió destinar una pequeña parte de su portafolio (5%) a startups similares a través de un fondo especializado, diversificando así el riesgo.

Lecciones Aprendidas: La Resiliencia en el Mundo Real

Dos años después de construir su portafolio, Diego había aprendido varias lecciones valiosas:

1. La paciencia paga: Resistir la tentación de vender en momentos de pánico le permitió recuperar las pérdidas iniciales y beneficiarse de la recuperación del mercado.

2. El rebalanceo es clave: Ajustar regularmente su portafolio lo ayudó a mantener el equilibrio entre riesgo y retorno.

3. Diversificar no es solo una estrategia, es un hábito: Al incluir activos de diferentes clases, sectores y regiones, Diego creó un portafolio capaz de soportar crisis económicas.

Diego se sentó frente a Laura en su oficina dos años después, listo para mostrarle los resultados. Su portafolio no solo había crecido un 20% en valor, sino que también había demostrado ser increíblemente estable frente a las fluctuaciones del mercado.

Laura sonrió y dijo:

> "Diego, ahora lo entiendes. Crear un portafolio diversificado y resiliente no es solo sobre dinero; es sobre decisiones inteligentes y disciplina. Si puedes manejar esto, estás listo para cualquier desafío financiero que venga."

Diego salió del edificio con confianza renovada. Había aprendido que, aunque los mercados pueden ser impredecibles, una estrategia sólida, una mente clara y decisiones informadas pueden marcar la diferencia entre el éxito y el fracaso financiero.

CAPÍTULO 5: MÁS ALLÁ DE LOS NÚMEROS: FACTORES CUALITATIVOS QUE IMPACTAN EL VALOR

Cuando pensamos en análisis fundamental, a menudo asociamos este proceso con cifras, ratios y estados financieros. Sin embargo, uno de los mayores errores que cometen los inversores es ignorar los factores cualitativos, aquellos aspectos no numéricos que pueden determinar el éxito o el fracaso de una empresa. Este capítulo se centra en tres pilares fundamentales que trascienden los números: el liderazgo, la innovación y las tendencias globales. Estas variables, aunque no siempre cuantificables, pueden tener un impacto crucial en el valor a largo plazo de una compañía.

El liderazgo es uno de los factores cualitativos más importantes a considerar en la evaluación de una empresa. Un líder visionario puede transformar una compañía común en una gigante de la industria, mientras que una mala gestión puede llevar incluso a las empresas más prometedoras a la ruina.

¿Qué Buscar en un Líder Corporativo?

Al analizar a los líderes de una empresa, considere los siguientes aspectos clave:

- Visión Estratégica: Los líderes efectivos tienen una visión clara del futuro de la empresa y saben cómo comunicarla. Un ejemplo notable es Elon Musk, cuya capacidad para articular objetivos ambiciosos ha llevado a Tesla y SpaceX a redefinir industrias completas.

- Reputación y Ética: La integridad es esencial. Los líderes con antecedentes cuestionables pueden generar desconfianza entre los inversores y los consumidores. Por ejemplo, los escándalos de fraude corporativo como el de Enron resaltan la importancia de la ética empresarial.

- Capacidad para Adaptarse al Cambio: Un líder debe ser flexible y capaz de navegar en un entorno empresarial dinámico. Durante la pandemia de COVID-19, empresas como Microsoft prosperaron gracias al liderazgo adaptable de Satya Nadella, quien aceleró la transición hacia el trabajo remoto y los servicios en la nube.

Estudio de Caso: Jeff Bezos y Amazon

La historia de Amazon ilustra cómo un liderazgo excepcional puede impulsar el éxito a largo plazo. Jeff Bezos no solo identificó una oportunidad en el comercio electrónico, sino que también implementó una estrategia centrada en el cliente, la innovación continua y la expansión global. Su enfoque en reinvertir en la empresa en lugar de priorizar las ganancias inmediatas posicionó a Amazon como un líder indiscutible en múltiples industrias.

La capacidad de innovar es otra variable cualitativa que distingue a las empresas líderes de las mediocres. Una empresa innovadora no solo introduce nuevos productos o servicios, sino que también redefine la forma en que opera una industria entera.

Cómo Evaluar la Innovación

- Inversión en Investigación y Desarrollo (I+D): Una alta inversión en I+D puede ser una señal de que la empresa prioriza la innovación. Por ejemplo, empresas como Alphabet (Google) y Apple destinan un porcentaje significativo de sus ingresos a desarrollar nuevas tecnologías.

- Portafolio de Patentes: Las patentes pueden ser un indicador tangible del compromiso de una empresa con la innovación. Compañías como IBM y Samsung lideran la lista de registros de patentes, consolidando su posición en sectores tecnológicos clave.

- Cultura Empresarial: Una cultura que fomenta la creatividad y el pensamiento disruptivo suele traducirse en innovación constante. Netflix, por ejemplo, ha revolucionado la industria del entretenimiento al priorizar la experimentación y la adaptación a las tendencias digitales.

El Riesgo de la Falta de Innovación

Por otro lado, la falta de innovación puede ser un signo de alerta. Empresas como Nokia y Blockbuster son ejemplos de líderes de mercado que no supieron adaptarse a los cambios tecnológicos y perdieron relevancia frente a competidores más innovadores.

Además del liderazgo y la innovación, es crucial considerar cómo las tendencias globales afectan la industria y el mercado en el que opera una empresa. Estas tendencias pueden ser tanto oportunidades como riesgos.

Sostenibilidad y Responsabilidad Social

Cada vez más, los consumidores e inversores buscan empresas que prioricen prácticas sostenibles. La presión por abordar el cambio climático, reducir emisiones de carbono y adoptar políticas éticas puede influir significativamente en el valor percibido de una compañía.

- Ejemplo Positivo: Patagonia es un ejemplo de cómo la sostenibilidad puede ser una ventaja competitiva. Su enfoque en la conservación ambiental ha generado lealtad entre los clientes y ha fortalecido su reputación global.

- Ejemplo Negativo: Las empresas petroleras que no están invirtiendo en energías renovables enfrentan riesgos crecientes debido a regulaciones más estrictas y el cambio hacia fuentes de energía limpias.

Globalización y Mercados Emergentes

La expansión global puede abrir nuevas oportunidades de ingresos, pero también expone a las empresas a riesgos políticos y económicos. Factores como guerras comerciales, sanciones internacionales y fluctuaciones de divisas son consideraciones importantes.

- Ejemplo Positivo: Starbucks ha capitalizado el crecimiento de los mercados emergentes al abrir miles de tiendas en Asia, diversificando sus fuentes de ingresos.

- Ejemplo Negativo: Las tensiones entre Estados Unidos y China han afectado a empresas tecnológicas como Huawei, limitando su acceso a mercados clave.

Tecnología y Digitalización

La adopción de tecnologías emergentes, como la inteligencia artificial y la automatización, puede transformar industrias enteras. Empresas que lideran la integración tecnológica suelen disfrutar de ventajas competitivas.

- Caso de Éxito: Shopify ha prosperado al ofrecer soluciones de comercio electrónico basadas en la nube, facilitando que pequeños negocios compitan en un mercado global.

- Advertencia: Empresas que no invierten en digitalización enfrentan el riesgo de quedar obsoletas, como ocurrió con Kodak.

Aunque los factores cualitativos no se reflejan directamente en los estados financieros, su impacto en el valor de una empresa es innegable. Para integrar estos elementos en su análisis, considere lo siguiente:

- Haga Preguntas Clave: ¿Quién lidera la empresa? ¿Cómo responde a las tendencias del mercado? ¿Está innovando constantemente?

- Diversifique su Investigación: Lea informes de prensa, entrevistas con los líderes de la empresa y análisis sectoriales para obtener una visión más completa.

- Use Métricas Complementarias: Aunque los factores cualitativos son difíciles de medir, herramientas como encuestas de satisfacción del cliente, clasificaciones de reputación y análisis de patentes pueden proporcionar pistas valiosas.

El análisis fundamental no se trata solo de números ni solo de narrativas. Los inversores más exitosos, como Warren Buffett, combinan ambas dimensiones para formar una imagen completa del valor de una empresa. Buffett, por ejemplo, no solo evalúa el desempeño financiero, sino también la calidad del liderazgo y la posición competitiva de la empresa.

Hemos explorado cómo el liderazgo, la innovación y las tendencias globales pueden ser tan importantes, o incluso más, que los datos cuantitativos al evaluar una empresa. Si bien estos factores no siempre son fáciles de medir, su impacto en el valor a largo plazo es innegable. Como inversor, es su responsabilidad mirar más allá de los números y comprender los aspectos cualitativos que pueden moldear el futuro de una compañía. Recuerde: las cifras cuentan una parte de la historia, pero son los factores cualitativos los que dan vida a la narrativa empresarial.

Los Principales Desafíos de Evaluar Factores Cualitativos y el Rol de la Inteligencia Artificial

En el análisis fundamental, evaluar factores cualitativos como el liderazgo, la innovación y las tendencias globales puede ser tan valioso como interpretar cifras financieras. Sin embargo, estos factores presentan desafíos significativos. Su naturaleza subjetiva y difícil de cuantificar complica la toma de decisiones basadas en ellos. Afortunadamente, la Inteligencia Artificial (IA) está transformando la forma en que abordamos estos desafíos, ofreciendo herramientas para interpretar datos no estructurados y aportar insights profundos. En este capítulo, exploramos los principales retos al evaluar factores cualitativos y cómo la IA puede ayudar a superarlos.

Uno de los mayores desafíos al evaluar el liderazgo es la subjetividad inherente a este proceso. Mientras que los números hablan de resultados tangibles, valorar la capacidad de un líder implica interpretar características como la visión, la ética y la adaptabilidad, que no siempre se pueden medir de manera objetiva.

Retos Clave:

- Perspectivas Sesgadas: Las opiniones sobre un líder pueden variar enormemente dependiendo de quién las exprese. Por ejemplo, mientras que algunos consideran a Elon Musk un visionario, otros critican su estilo de gestión impredecible.

- Falta de Métricas Estandarizadas: A diferencia de los estados financieros, no existen criterios universales para medir la efectividad del liderazgo. Esto puede llevar a evaluaciones inconsistentes.

Cómo la IA Puede Ayudar:

- Análisis de Sentimiento en Redes Sociales: Las herramientas de IA pueden procesar grandes cantidades de datos en tiempo real para evaluar la percepción pública de un líder. Por ejemplo, el análisis de publicaciones en Twitter o LinkedIn puede revelar patrones de confianza o preocupación en torno a una figura clave.

- Procesamiento del Lenguaje Natural (NLP): Esta tecnología puede analizar discursos, entrevistas o cartas a los accionistas para identificar palabras clave relacionadas con la visión, la ética y los objetivos estratégicos del líder.

Aunque la innovación es crucial, también implica riesgos significativos. Innovar demasiado rápido puede agotar los recursos o alienar a los clientes, mientras que la falta de innovación puede dejar a una empresa rezagada frente a la competencia.

Retos Clave:

- Balance entre Riesgo y Recompensa: Empresas como Tesla han logrado grandes avances tecnológicos, pero a menudo enfrentan riesgos financieros significativos debido a sus altos niveles de inversión en innovación.

- Falta de Contexto: Evaluar si una innovación será exitosa depende de factores externos como la aceptación del mercado, las regulaciones y las tendencias tecnológicas.

Cómo la IA Puede Ayudar:

- Predicción del Éxito de Innovaciones: Algoritmos de machine learning pueden analizar datos históricos para predecir la probabilidad de éxito de nuevos productos o tecnologías. Por ejemplo, se pueden usar datos de lanzamientos pasados para identificar patrones de adopción del mercado.

- Optimización de Recursos: La IA puede ayudar a priorizar proyectos de innovación analizando el retorno esperado de inversión (ROI) y el impacto potencial en el mercado.

El análisis de tendencias globales es especialmente desafiante debido a su naturaleza en constante cambio. Lo que hoy parece una oportunidad puede convertirse en un riesgo mañana.

Retos Clave:

- Volatilidad del Entorno Global: Factores como crisis geopolíticas, pandemias y avances tecnológicos pueden alterar rápidamente las dinámicas del mercado.

- Información Fragmentada: Las tendencias globales a menudo se reflejan en múltiples fuentes de datos no estructurados, como informes de prensa, redes sociales y foros de expertos.

Cómo la IA Puede Ayudar:

- Análisis Predictivo: Herramientas de IA pueden identificar patrones en datos históricos y predecir tendencias futuras. Por ejemplo, los algoritmos pueden rastrear menciones de términos clave como "sostenibilidad" o "energía renovable" para anticipar cambios en la percepción del mercado.

- Integración de Datos Globales: La IA puede consolidar información de múltiples fuentes en tiempo real, proporcionando una visión más completa y actualizada de las tendencias globales.

Aunque la IA tiene un gran potencial, no es infalible y presenta desafíos propios:

Sesgos Algorítmicos:

Los algoritmos pueden reflejar los prejuicios inherentes en los datos que analizan. Por ejemplo, si los datos históricos sobre liderazgo están sesgados hacia ciertos perfiles, la IA puede perpetuar estas inequidades.

Falta de Contexto Humano:

La IA puede identificar patrones, pero carece de la capacidad de comprender matices culturales o contextuales que un analista humano podría captar.

Dependencia de Datos de Calidad:

La efectividad de la IA depende de la calidad y cantidad de los datos disponibles. Datos incompletos o inexactos pueden llevar a conclusiones erróneas.

La clave para superar los desafíos en la evaluación de factores cualitativos es combinar el juicio humano con las capacidades avanzadas de la IA.

Roles del Análisis Humano:

- Contextualizar los insights generados por la IA.

- Evaluar la ética y la responsabilidad social, áreas donde la intuición humana sigue siendo crucial.

Roles de la IA:

- Procesar grandes volúmenes de datos de manera rápida y precisa.

- Identificar patrones y correlaciones que podrían pasar desapercibidos para los humanos.

Ejemplo Práctico:

Una firma de inversión podría usar IA para analizar menciones en redes sociales sobre el liderazgo de una empresa y luego combinar esta información con entrevistas en profundidad realizadas por analistas humanos.

Actualmente, existen varias herramientas de IA que los inversores pueden aprovechar:

- IBM Watson: Ofrece capacidades avanzadas de procesamiento del lenguaje natural y análisis de sentimientos.

- Google Cloud AI: Proporciona herramientas para análisis predictivo y clasificación de datos.

- Sentiment Analysis APIs: Herramientas como MonkeyLearn permiten rastrear la percepción pública en tiempo real.

La evaluación de factores cualitativos siempre será un desafío debido a su complejidad y subjetividad. Sin embargo, la IA está revolucionando este proceso, permitiendo a los inversores tomar decisiones más informadas y basadas en datos.

A medida que la tecnología avance, los inversores deberán desarrollar habilidades híbridas, combinando el análisis tradicional con la interpretación de los insights generados por la IA.

Este enfoque no solo mejorará la precisión en la evaluación de empresas, sino que también permitirá identificar oportunidades y riesgos que antes pasaban desapercibidos.

En un mundo donde los datos son abundantes pero la información valiosa es escasa, la IA se está convirtiendo en una herramienta esencial para los inversores que buscan prosperar en la era digital. Pero, como con cualquier herramienta, su efectividad depende de cómo se utilice. El futuro pertenece a aquellos que saben aprovechar lo mejor de ambos mundos: la intuición humana y la inteligencia artificial.

APÉNDICES

Apéndice A: Glosario de Términos Financieros Clave

Invertir puede parecer intimidante, especialmente si te encuentras con términos desconocidos. Este glosario está diseñado para ser una guía rápida que te permita entender el lenguaje de las inversiones y dominar el análisis fundamental.

- Activos: Recursos que posee una empresa y que tienen valor económico, como efectivo, propiedades y equipo.

- Valoración Intrínseca: El valor real de una empresa basado en su potencial de ganancias, flujo de efectivo y otros factores fundamentales, sin importar el precio del mercado.

- Flujo de Caja Libre (Free Cash Flow): El dinero que queda después de que una empresa paga todos sus gastos operativos y de capital. Es un indicador clave de la salud financiera.

- Relación Precio-Ganancias (P/E): Una métrica que compara el precio de las acciones de una empresa con sus ganancias por acción. Ayuda a medir si una acción está sobrevalorada o infravalorada.

- Dividendo: Parte de las ganancias de una empresa que se distribuye a los accionistas.

- Retorno sobre el Capital (ROE): Mide cuán eficientemente una empresa utiliza el dinero de los accionistas para generar ganancias.

- Margen de Seguridad: La diferencia entre el valor intrínseco de una acción y su precio de mercado, proporcionando un colchón para los riesgos.

Con este glosario en mente, podrás interpretar reportes financieros y análisis más fácilmente, avanzando con confianza en tus decisiones de inversión.

Apéndice B: Herramientas y Recursos para el Análisis Fundamental

El análisis fundamental no tiene por qué ser un proceso abrumador. Las herramientas y recursos adecuados pueden simplificarlo y hacerlo más efectivo. Aquí tienes una lista de plataformas, software y libros recomendados para profundizar tus conocimientos.

Plataformas y Software

- Morningstar: Una herramienta esencial para obtener datos financieros detallados, análisis de acciones y fondos mutuos.

- Yahoo Finance: Una plataforma gratuita que proporciona noticias, cotizaciones de acciones, y datos históricos.

- Seeking Alpha: Ideal para análisis y opiniones de expertos sobre empresas y sectores específicos.

- Finviz: Una herramienta de visualización financiera que facilita la identificación de oportunidades de inversión.

- Bloomberg Terminal: Para profesionales serios, ofrece análisis avanzado, datos en tiempo real y noticias financieras.

Libros Recomendados

- The Intelligent Investor de Benjamin Graham: La biblia del análisis fundamental.

- Common Stocks and Uncommon Profits de Philip Fisher: Un enfoque en la inversión a largo plazo.

- One Up on Wall Street de Peter Lynch: Cómo detectar oportunidades de inversión que otros pasan por alto.

Cursos y Videos

- Investopedia Academy: Cursos interactivos sobre fundamentos de la inversión.

- YouTube: Canales educativos como Aswath Damodaran y The Plain Bagel ofrecen explicaciones claras sobre temas financieros complejos.

Tener acceso a estas herramientas y recursos te dará una ventaja competitiva al evaluar empresas y tomar decisiones informadas.

Apéndice C: Plantilla Práctica para Análisis Fundamental

Una estructura organizada puede marcar la diferencia en tus evaluaciones. Esta plantilla está diseñada para ayudarte a analizar cualquier empresa de manera sistemática.

Información Básica

- Nombre de la Empresa:

- Símbolo Ticker:

- Sector/Industria:

- Fecha del Análisis:

Estado Financiero

1. Ingresos Totales (últimos 5 años):

2. Ganancias Netas (últimos 5 años):

3. Flujo de Caja Libre:

4. Deuda Total:

5. Capitalización de Mercado:

Ratios Clave

- P/E Ratio:

- ROE:

- Margen de Operación:

- Deuda/Capital:

Análisis Cualitativo

- Ventaja Competitiva: ¿Qué hace única a esta empresa?

- Gestión: ¿Qué tan confiable es el equipo directivo?

- Perspectivas del Mercado: ¿Está en un sector en crecimiento o en declive?

Valoración

- Valor Intrínseco Calculado:

- Precio Actual de la Acción:

- Margen de Seguridad:

Conclusión

- ¿Invertirías en esta empresa? ¿Por qué?

Utiliza esta plantilla como base y adáptala según tus necesidades específicas. Descargable en formato PDF desde nuestra página web para facilitar su uso.

Apéndice D: Casos de Estudio Reales

El aprendizaje práctico es una de las formas más efectivas de entender el análisis fundamental. Aquí presentamos dos casos de estudio reales:

Caso 1: Apple Inc. (AAPL)

- Información Básica:

  - Apple, una de las empresas más valiosas del mundo, opera en el sector de tecnología con una fuerte presencia en hardware, software y servicios.

- Estado Financiero:

  - Ingresos 2023: $394 mil millones.

  - Flujo de Caja Libre: $90 mil millones.

- Ratios Clave:

  - P/E Ratio: 30.

  - ROE: 75%.

- Análisis:

  - Ventaja Competitiva: Ecosistema integrado único que crea fidelidad del cliente.

  - Gestión: Liderazgo probado bajo Tim Cook, con un enfoque en innovación y eficiencia operativa.

  - Valoración: Aunque el precio actual puede parecer alto, la sólida ventaja competitiva y el crecimiento constante justifican una valoración premium.

- Conclusión: Una inversión sólida para quienes buscan crecimiento a largo plazo.

Caso 2: Procter & Gamble (PG)

- Información Básica:

  - P&G opera en bienes de consumo, con marcas icónicas como Gillette, Pampers y Tide.

- Estado Financiero:

  - Ingresos 2023: $82 mil millones.

  - Flujo de Caja Libre: $15 mil millones.

- Ratios Clave:

  - P/E Ratio: 25.

  - ROE: 30%.

- Análisis:

  - Ventaja Competitiva: Portafolio diversificado con marcas líderes en el mercado.

  - Gestión: Capacidad para innovar y mantenerse competitivo en un sector maduro.

  - Valoración: Atractiva para inversores que buscan estabilidad y dividendos constantes.

- Conclusión: Una opción ideal para quienes buscan ingresos pasivos con bajo riesgo.

Estos casos demuestran cómo aplicar el análisis fundamental para tomar decisiones de inversión informadas.

FIN